# 實用漢語課本（第二册）
## 漢字練習本
# CHINESE CHARACTER EXERCISE BOOK FOR PRACTICAL CHINESE READER

## BOOK II

北京語言學院
劉珣・鄧恩明・劉社會 編著
李培元 審訂

THE COMMERCIAL PRESS LTD.

實用漢語課本（第二册）
漢字練習本
編著者——北京語言學院
劉珣　鄧恩明　劉社會
審訂者——李培元
出版者——商務印書館香港分館
香港鰂魚涌芬尼街2號D僑英大厦五樓
印刷者——大華（永記）印刷廠
九龍葵涌和宜合道金威大厦F座二樓
版　次——1982年9月北京第1版
1985年8月香港第1版
1988年1月第2次印刷

ISBN 962 07 4054 8

# 目　　录

# 第三十一课

一、描写下列汉字：

Trace the following characters:

| | | | | | | |
|---|---|---|---|---|---|---|
| 华 | 华 | 华 | 华 | 华 | 华 | huá |
| 侨 | 侨 | 侨 | 侨 | 侨 | 侨 | qiáo |
| 长 | 长 | 长 | 长 | 长 | 长 | cháng |
| 已 | 已 | 已 | 已 | 已 | 已 | yǐ |
| 经 | 经 | 经 | 经 | 经 | 经 | jīng |
| 第 | 第 | 第 | 第 | 第 | 第 | dì |
| 次 | 次 | 次 | 次 | 次 | 次 | cì |
| 校 | 校 | 校 | 校 | 校 | 校 | xiào |
| 实 | 实 | 实 | 实 | 实 | 实 | shí |

| | | | | | | |
|---|---|---|---|---|---|---|
| 化 | 化 | 化 | 化 | 化 | 化 | huà |
| 希 | 希 | 希 | 希 | 希 | 希 | xī |
| 望 | 望 | 望 | 望 | 望 | 望 | wàng |
| 社 | 社 | 社 | 社 | 社 | 社 | shè |
| 主 | 主 | 主 | 主 | 主 | 主 | zhǔ |
| 义 | 义 | 义 | 义 | 义 | 义 | yì |
| 建 | 建 | 建 | 建 | 建 | 建 | jiàn |
| 设 | 设 | 设 | 设 | 设 | 设 | shè |
| 钟 | 钟 | 钟 | 钟 | 钟 | 钟 | zhōng |
| 首 | 首 | 首 | 首 | 首 | 首 | shǒu |
| 际 | 际 | 际 | 际 | 际 | 际 | jì |
| 言 | 言 | 言 | 言 | 言 | 言 | yán |
| 辛 | 辛 | 辛 | 辛 | 辛 | 辛 | xīn |

| | | | | | | |
|---|---|---|---|---|---|---|
| 苦 | 苦 | 苦 | 苦 | 苦 | 苦 | kǔ |
| 手 | 手 | 手 | 手 | 手 | 手 | shǒu |
| 续 | 续 | 续 | 续 | 续 | 续 | xù |

二、临写下列汉字：

Copy the following characters:

| | | | | | | | |
|---|---|---|---|---|---|---|---|
| 华 | | | | | | | |
| 侨 | | | | | | | |
| 长 | | | | | | | |
| 已 | | | | | | | |
| 经 | | | | | | | |
| 第 | | | | | | | |
| 次 | | | | | | | |
| 校 | | | | | | | |

实
化
希
望
社
主
义
建
设
钟
首
际

| | | | | | | | |
|---|---|---|---|---|---|---|---|
| 言 | | | | | | | |
| 辛 | | | | | | | |
| 苦 | | | | | | | |
| 手 | | | | | | | |
| 续 | | | | | | | |

三、给下列各组汉字注音，把相同的声旁写在（ ）中：

Write each of the following characters in phonetic transcription and put the common phonetic contained in the characters of each group in the bracket:

化______ 花______ 华______ （ ）

正______ 证______ 整______ （ ）

主______ 住______ 注______ （ ）

四、给下列各组汉字注音，把相同的形旁写在（ ）中：

Write each of the following characters in phonetic transcription and put the common signific contained in the characters of each group in the bracket:

际______ 院______ 际______ （ ）

苦_____ 茶_____ 菜_____ (　　)

钟_____ 银_____ 锻_____

钓_____ 错_____ (　　)

经_____ 续_____ 练_____

绍_____ 红_____ 绿_____ (　　)

设_____ 语_____ 话_____

该_____ 试_____ 词_____

认_____ 课_____ 访_____

让_____ 谁_____ 诉_____

说_____ 谢_____ (　　)

五、将下列拼音写成汉字并组成词语：

Put each of the following phonetic transcriptions into a character so as to form a word or phrase with the given character:

shè { 建_____ / _____会主义

shǒu { _____都 / _____续

xī { _____望 / _____边

jīng { 已_____ / 北_____

xīn { ______苦 / ______闻 }

shí { ______间 / ______现 }

六、给下列各组形近字注音并组成词语写在（ ）中：

Write each of the following similar characters of each group in phonetic transcription, then make each character into a word or phrase and put it in the bracket:

{ 弟______（ ）
第______（ ） }

{ 代______（ ）
化______（ ） }

{ 设______（ ）
没______（ ） }

{ 义______（ ）
又______（ ） }

# 第三十二课

一、描写下列汉字：

Trace the following characters:

| | | | | | | |
|---|---|---|---|---|---|---|
| 最 | 最 | 最 | 最 | 最 | 最 | zuì |
| 近 | 近 | 近 | 近 | 近 | 近 | jìn |
| 透 | 透 | 透 | 透 | 透 | 透 | tòu |
| 医 | 医 | 医 | 医 | 医 | 医 | yī |
| 病 | 病 | 病 | 病 | 病 | 病 | bìng |
| 检 | 检 | 检 | 检 | 检 | 检 | jiǎn |
| 查 | 查 | 查 | 查 | 查 | 查 | chá |
| 方 | 方 | 方 | 方 | 方 | 方 | fāng |

| | | | | | | |
|---|---|---|---|---|---|---|
| 遍 | 遍 | 遍 | 遍 | 遍 | 遍 | biàn |
| 拿 | 拿 | 拿 | 拿 | 拿 | 拿 | ná |
| 内 | 内 | 内 | 内 | 内 | 内 | nèi |
| 科 | 科 | 科 | 科 | 科 | 科 | kē |
| 肺 | 肺 | 肺 | 肺 | 肺 | 肺 | fèi |
| 炎 | 炎 | 炎 | 炎 | 炎 | 炎 | yán |
| 脏 | 脏 | 脏 | 脏 | 脏 | 脏 | zàng |
| 量 | 量 | 量 | 量 | 量 | 量 | liáng |
| 血 | 血 | 血 | 血 | 血 | 血 | xuè |
| 压 | 压 | 压 | 压 | 压 | 压 | yā |
| 眼 | 眼 | 眼 | 眼 | 眼 | 眼 | yǎn |
| 睛 | 睛 | 睛 | 睛 | 睛 | 睛 | jīng |
| 鼻 | 鼻 | 鼻 | 鼻 | 鼻 | 鼻 | bí |

| | | | | | | |
|---|---|---|---|---|---|---|
| 耳 | 耳 | 耳 | 耳 | 耳 | 耳 | ěr |
| 朵 | 朵 | 朵 | 朵 | 朵 | 朵 | duǒ |
| 命 | 命 | 命 | 命 | 命 | 命 | mìng |

二、临写下列汉字：

Copy the following characters:

| | | | | | | | |
|---|---|---|---|---|---|---|---|
| 最 | | | | | | | |
| 近 | | | | | | | |
| 透 | | | | | | | |
| 医 | | | | | | | |
| 病 | | | | | | | |
| 检 | | | | | | | |
| 查 | | | | | | | |
| 方 | | | | | | | |

| |
|---|
| 遍 |
| 拿 |
| 内 |
| 科 |
| 肺 |
| 炎 |
| 脏 |
| 量 |
| 血 |
| 压 |
| 眼 |
| 睛 |

| | | | | | | | |
|---|---|---|---|---|---|---|---|
| 鼻 | | | | | | | |
| 耳 | | | | | | | |
| 朵 | | | | | | | |
| 命 | | | | | | | |

三、给下列各组汉字注音并把相同的偏旁写在（ ）：

Write each of the following characters in phonetic transcription and put the common component contained in the characters of each group in the bracket:

近______ 透______ 遍______ 过______

（　　）

肺______ 脏______ 腿______ 朋______

（　　）

检______ 楼______ 桔______ 椅______

（　　）

科______ 秋______ 和______ （　　）

四、将下列各组同音字组成词语写在（　　）中：

Use each of the following homonymous characters in

each pair to make a word or phrase and put it in the bracket:

chá {茶（ ） 查（ ）}　　shì {视（ ） 室（ ）}

yǐ {以（ ） 已（ ）}　　jìn {近（ ） 进（ ）}

五、写出由下列汉字组成的词语：

Fill in each of the following blanks with a word or phrase containing the character given in each group:

地：__________ __________ __________

电：__________ __________ __________

以：__________ __________ __________

知：__________ __________ __________

# 第三十三课

一、描写下列汉字：

Trace the following characters:

| | | | | | | |
|---|---|---|---|---|---|---|
| 雨 | 雨 | 雨 | 雨 | 雨 | 雨 | yǔ |
| 敲 | 敲 | 敲 | 敲 | 敲 | 敲 | qiāo |
| 叶 | 叶 | 叶 | 叶 | 叶 | 叶 | yè |
| 树 | 树 | 树 | 树 | 树 | 树 | shù |
| 晴 | 晴 | 晴 | 晴 | 晴 | 晴 | qíng |
| 冷 | 冷 | 冷 | 冷 | 冷 | 冷 | lěng |
| 刮 | 刮 | 刮 | 刮 | 刮 | 刮 | guā |
| 风 | 风 | 风 | 风 | 风 | 风 | fēng |
| 雪 | 雪 | 雪 | 雪 | 雪 | 雪 | xuě |

| | | | | | | |
|---|---|---|---|---|---|---|
| 梅 | 梅 | 梅 | 梅 | 梅 | 梅 | méi |
| 怕 | 怕 | 怕 | 怕 | 怕 | 怕 | pà |
| 诗 | 诗 | 诗 | 诗 | 诗 | 诗 | shī |
| 隆 | 隆 | 隆 | 隆 | 隆 | 隆 | lóng |
| 百 | 百 | 百 | 百 | 百 | 百 | bǎi |
| 迹 | 迹 | 迹 | 迹 | 迹 | 迹 | jī |
| 绝 | 绝 | 绝 | 绝 | 绝 | 绝 | jué |
| 屈 | 屈 | 屈 | 屈 | 屈 | 屈 | qū |
| 立 | 立 | 立 | 立 | 立 | 立 | lì |

二、临写下列汉字：

Copy the following characters:

| | | | | | | | | | | | | | | | | |
|---|---|---|---|---|---|---|---|---|---|---|---|---|---|---|---|---|
| 雨 | | | | | | | | | | | | | | | | |
| 敲 | | | | | | | | | | | | | | | | |

| | | | | | | | |
|---|---|---|---|---|---|---|---|
| 叶 | | | | | | | |
| 树 | | | | | | | |
| 睛 | | | | | | | |
| 冷 | | | | | | | |
| 刮 | | | | | | | |
| 风 | | | | | | | |
| 雪 | | | | | | | |
| 梅 | | | | | | | |
| 怕 | | | | | | | |
| 诗 | | | | | | | |
| 隆 | | | | | | | |
| 百 | | | | | | | |

| | | | | | | | |
|---|---|---|---|---|---|---|---|
| 迹 | | | | | | | |
| 绝 | | | | | | | |
| 屈 | | | | | | | |
| 立 | | | | | | | |

三、给下列各组汉字注音并把它们不同的部位写在（　　）中：

Write each of the following characters in phonetic transcription and put the different components contained in the characters of each group in the brackets:

晴______（　　）　　休______（　　）
睛______（　　）　　体______（　　）

怕______（　　）　　唱______（　　）
帕______（　　）　　喝______（　　）

四、把下列拼音写成汉字并组成词语：

Put the following phonetic transcription in each pair into two characters so as to make two different words or phrases with the given words:

xià { ______雪 / ______天 }　　qíng { ______天 / 热______ }

gōng { ______平 / ______作 }　　shī { 老______ / ______歌 }

五、写出本课课文中带有以下偏旁的汉字：

Write out the characters in the text, each containing one of the following components:

口：______ ______ ______ ______

______ ______ ______ ______

氵：______ ______ ______

心：______ ______ ______

囗：______ ______

六、选字填空：

Fill in each of the following brackets with a proper word chosen from the given words in each group:

1. { 一（　）诗 / 办（　）续 }（手、首）

2. { 她（　）丁云。 / 他是（　）练。 }（教、叫）

3. 你看过（　　）花（　　）有？（没、梅）

# 第三十四课

一、描写下列汉字：

Trace the following characters:

| | | | | | | |
|---|---|---|---|---|---|---|
| 着 | 着 | 着 | 着 | 着 | 着 | zhe |
| 封 | 封 | 封 | 封 | 封 | 封 | fēng |
| 寄 | 寄 | 寄 | 寄 | 寄 | 寄 | jì |
| 邮 | 邮 | 邮 | 邮 | 邮 | 邮 | yóu |
| 局 | 局 | 局 | 局 | 局 | 局 | jú |
| 窗 | 窗 | 窗 | 窗 | 窗 | 窗 | chuāng |
| 挂 | 挂 | 挂 | 挂 | 挂 | 挂 | guà |
| 牌 | 牌 | 牌 | 牌 | 牌 | 牌 | pái |
| 柜 | 柜 | 柜 | 柜 | 柜 | 柜 | guì |

| | | | | | | |
|---|---|---|---|---|---|---|
| 营 | 营 | 营 | 营 | 营 | 营 | yíng |
| 航 | 航 | 航 | 航 | 航 | 航 | háng |
| 市 | 市 | 市 | 市 | 市 | 市 | shì |
| 声 | 声 | 声 | 声 | 声 | 声 | shēng |
| 收 | 收 | 收 | 收 | 收 | 收 | shōu |
| 指 | 指 | 指 | 指 | 指 | 指 | zhǐ |
| 墙 | 墙 | 墙 | 墙 | 墙 | 墙 | qiáng |

二、临写下列汉字：

Copy the following characters:

| | | | | | | | |
|---|---|---|---|---|---|---|---|
| 着 | | | | | | | |
| 封 | | | | | | | |
| 寄 | | | | | | | |
| 邮 | | | | | | | |

局

窗

挂

牌

柜

营

航

市

声

收

指

墙

三、写出本课课文中带有以下偏旁的汉字：

Write out the characters in the text containing the following components:

扌：______ ______

寸：______ ______

穴：______ ______

土：______ ______ ______

女：______ ______ ______

宀：______ ______ ______ ______

四、给下列形近字注音，并组成词语写在（　　）中：

Write each of the following similar characters in phonetic transcription, make each character into a word or a phrase and then write it in the blacket:

{ 着______（　　）　{ 挂______（　　）
{ 看______（　　）　{ 封______（　　）

{ 牌______（　　）　{ 问______（　　）
{ 啤______（　　）　{ 间______（　　）

五、写出一个用下列汉字作声旁的形声字：

Write out the pictophonetic characters, each of them containing one of the following characters as its phonetic:

例：每——（梅）

票——（　　　）　　古——（　　　）

里——（　　　）　　方——（　　　）

哥——（　　　）　　主——（　　　）

九——（　　　）　　快——（　　　）

成——（　　　）　　化——（　　　）

建——（　　　）　　那——（　　　）

六、在下图空格中填上适当的偏旁，组成不同的字：

Fill in each of the squares with a proper component so as to form different characters:

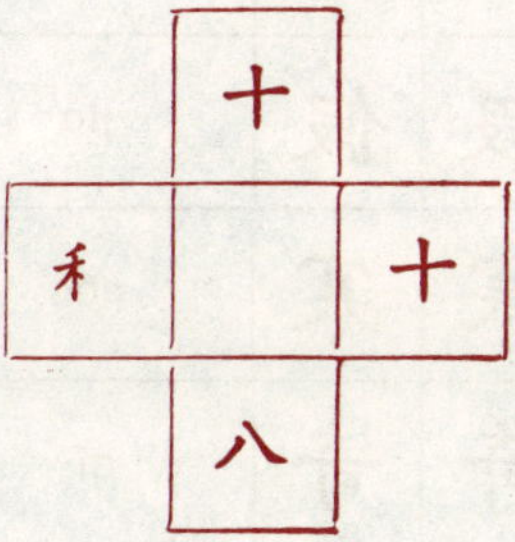


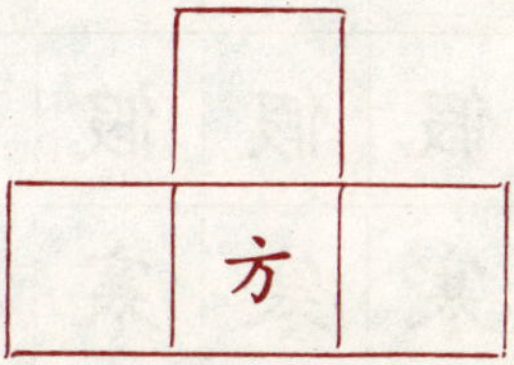

# 第三十五课

一、描写下列汉字：

Trace the following characters:

| | | | | | | |
|---|---|---|---|---|---|---|
| 考 | 考 | 考 | 考 | 考 | 考 | kǎo |
| 绩 | 绩 | 绩 | 绩 | 绩 | 绩 | jī |
| 专 | 专 | 专 | 专 | 专 | 专 | zhuān |
| 暑 | 暑 | 暑 | 暑 | 暑 | 暑 | shǔ |
| 假 | 假 | 假 | 假 | 假 | 假 | jià |
| 寒 | 寒 | 寒 | 寒 | 寒 | 寒 | hán |
| 奇 | 奇 | 奇 | 奇 | 奇 | 奇 | qí |
| 怪 | 怪 | 怪 | 怪 | 怪 | 怪 | guài |
| 况 | 况 | 况 | 况 | 况 | 况 | kuàng |

| | | | | | | |
|---|---|---|---|---|---|---|
| 利 | 利 | 利 | 利 | 利 | 利 | lì |
| 挣 | 挣 | 挣 | 挣 | 挣 | 挣 | zhèng |
| 钱 | 钱 | 钱 | 钱 | 钱 | 钱 | qián |
| 急 | 急 | 急 | 急 | 急 | 急 | jí |

二、临写下列汉字：

Copy the following characters:

| | | | | | | | |
|---|---|---|---|---|---|---|---|
| 考 | | | | | | | |
| 绩 | | | | | | | |
| 专 | | | | | | | |
| 暑 | | | | | | | |
| 假 | | | | | | | |
| 寒 | | | | | | | |
| 奇 | | | | | | | |

| | | | | | | | |
|---|---|---|---|---|---|---|---|
| 怪 | | | | | | | |
| 况 | | | | | | | |
| 利 | | | | | | | |
| 挣 | | | | | | | |

三、将下列同音字组成词语写在（　　）中：

Give a character to each of the following homonymous characters in each pair so as to make a word or phrase and write it in the bracket.

lì { 利（　　　　）<br>　 力（　　　　）

qíng { 情（　　　　）<br>　 晴（　　　　）

jī { 绩（　　　　）<br>　 机（　　　　）

qián { 前（　　　　）<br>　 钱（　　　　）

yóu { 邮（　　　　）<br>　 游（　　　　）

yè { 业（　　　　）<br>　 叶（　　　　）

四、写出本课课文中带有以下偏旁的汉字：

Write out the characters in the text, each containing one of the following components:

忄：______ ______ ______

⺮：______ ______ ______

亻：______ ______ ______

五、选择括号中的汉字组词：

Fill each of the following blanks with a proper character chosen from the bracket:

{______边 / 整______}（理　里）　{______厂 / ______平}（工　公）

{______设 / ______康}（健　建）　{考______ / 电______}（视　试）

# 第三十六课

一、描写下列汉字：

Trace the following characters:

| | | | | | | |
|---|---|---|---|---|---|---|
| 套 | 套 | 套 | 套 | 套 | 套 | tào |
| 具 | 具 | 具 | 具 | 具 | 具 | jù |
| 便 | 便 | 便 | 便 | 便 | 便 | pián |
| 宜 | 宜 | 宜 | 宜 | 宜 | 宜 | yí |
| 瓷 | 瓷 | 瓷 | 瓷 | 瓷 | 瓷 | cí |
| 器 | 器 | 器 | 器 | 器 | 器 | qì |
| 售 | 售 | 售 | 售 | 售 | 售 | shòu |
| 货 | 货 | 货 | 货 | 货 | 货 | huò |
| 产 | 产 | 产 | 产 | 产 | 产 | chǎn |

| | | | | | | |
|---|---|---|---|---|---|---|
| 历 | 历 | 历 | 历 | 历 | 历 | lì |
| 史 | 史 | 史 | 史 | 史 | 史 | shǐ |
| 质 | 质 | 质 | 质 | 质 | 质 | zhì |
| 玉 | 玉 | 玉 | 玉 | 玉 | 玉 | yù |
| 薄 | 薄 | 薄 | 薄 | 薄 | 薄 | báo |
| 种 | 种 | 种 | 种 | 种 | 种 | zhǒng |
| 碗 | 碗 | 碗 | 碗 | 碗 | 碗 | wǎn |
| 共 | 共 | 共 | 共 | 共 | 共 | gòng |
| 块 | 块 | 块 | 块 | 块 | 块 | kuài |
| 元 | 元 | 元 | 元 | 元 | 元 | yuán |
| 毛 | 毛 | 毛 | 毛 | 毛 | 毛 | máo |
| 角 | 角 | 角 | 角 | 角 | 角 | jiǎo |
| 壶 | 壶 | 壶 | 壶 | 壶 | 壶 | hú |

| | | | | | | |
|---|---|---|---|---|---|---|
| 只 | 只 | 只 | 只 | 只 | 只 | zhǐ |
| 展 | 展 | 展 | 展 | 展 | 展 | zhǎn |
| 提 | 提 | 提 | 提 | 提 | 提 | tí |
| 零 | 零 | 零 | 零 | 零 | 零 | líng |

二、临写下列汉字：

Copy the following characters:

| | | | | | | | | | | | | | |
|---|---|---|---|---|---|---|---|---|---|---|---|---|---|
| 套 | | | | | | | | | | | | | |
| 具 | | | | | | | | | | | | | |
| 便 | | | | | | | | | | | | | |
| 宜 | | | | | | | | | | | | | |
| 瓷 | | | | | | | | | | | | | |
| 器 | | | | | | | | | | | | | |
| 售 | | | | | | | | | | | | | |

| |
|---|
| 货 |
| 产 |
| 历 |
| 史 |
| 质 |
| 玉 |
| 薄 |
| 种 |
| 碗 |
| 共 |
| 块 |
| 元 |

| | | | | | | | |
|---|---|---|---|---|---|---|---|
| 毛 | | | | | | | |
| 角 | | | | | | | |
| 壶 | | | | | | | |
| 只 | | | | | | | |
| 展 | | | | | | | |
| 提 | | | | | | | |
| 零 | | | | | | | |

三、在（　　）中填一个用下列汉字作声旁的形声字：

Fill in each of the brackets with a pictophonetic character containing the given character as its phonetic:

例：　　里______（理）

次______（　　）　力______（　　）

中______（　　）　元______（　　）

方______（　　）　票______（　　）

建______（　　）　化______（　　）

四、将下列词语中的拼音写成汉字：

Turn each of the following phonetic transcriptions into a character:

| | |
|---|---|
| kuài______子 | 问 tí ______ |
| 跑得 kuài______ | tí ______高 |
| 三 kuài______钱 | tí ______问 tí ______ |
| 努 lì______ | zhù______意 |
| lì______史 | zhù______贺 |
| lí______用 | zhù______学校 |

五、将下列汉字扩成词语并把偏旁相同的字写在一起：

Make each of the following characters into a word or phrase and then put the characters containing the common component in one group:

急（　　　　）挣（　　　　）假（　　　　）

封（　　　　）情（　　　　）经（　　　　）

绩（　　　　）信（　　　　）对（　　　　）

指（　　　　）总（　　　　）怪（　　　　）

心：______ ______　　寸：______ ______

纟：______ ______ 忄：______ ______

亻：______ ______ 木：______ ______

# 第三十七课

一、描写下列汉字：

Trace the following characters:

| | | | | | | |
|---|---|---|---|---|---|---|
| 布 | 布 | 布 | 布 | 布 | 布 | bù |
| 山 | 山 | 山 | 山 | 山 | 山 | shān |
| 装 | 装 | 装 | 装 | 装 | 装 | zhuāng |
| 短 | 短 | 短 | 短 | 短 | 短 | duǎn |
| 合 | 合 | 合 | 合 | 合 | 合 | hé |
| 适 | 适 | 适 | 适 | 适 | 适 | shì |
| 肥 | 肥 | 肥 | 肥 | 肥 | 肥 | féi |
| 瘦 | 瘦 | 瘦 | 瘦 | 瘦 | 瘦 | shòu |
| 衣 | 衣 | 衣 | 衣 | 衣 | 衣 | yī |

| | | | | | | |
|---|---|---|---|---|---|---|
| 颜 | 颜 | 颜 | 颜 | 颜 | 颜 | yán |
| 色 | 色 | 色 | 色 | 色 | 色 | sè |
| 蓝 | 蓝 | 蓝 | 蓝 | 蓝 | 蓝 | lán |
| 灰 | 灰 | 灰 | 灰 | 灰 | 灰 | huī |
| 交 | 交 | 交 | 交 | 交 | 交 | jiāo |
| 式 | 式 | 式 | 式 | 式 | 式 | shì |
| 棉 | 棉 | 棉 | 棉 | 棉 | 棉 | mián |
| 袄 | 袄 | 袄 | 袄 | 袄 | 袄 | ǎo |
| 绸 | 绸 | 绸 | 绸 | 绸 | 绸 | chóu |
| 米 | 米 | 米 | 米 | 米 | 米 | mǐ |
| 辆 | 辆 | 辆 | 辆 | 辆 | 辆 | liàng |
| 骑 | 骑 | 骑 | 骑 | 骑 | 骑 | qí |

二、临写下列汉字：

Copy the following characters:

| | | | | | | | | | | | | | | |
|---|---|---|---|---|---|---|---|---|---|---|---|---|---|---|
| 布 | | | | | | | | | | | | | | |
| 山 | | | | | | | | | | | | | | |
| 装 | | | | | | | | | | | | | | |
| 短 | | | | | | | | | | | | | | |
| 合 | | | | | | | | | | | | | | |
| 适 | | | | | | | | | | | | | | |
| 肥 | | | | | | | | | | | | | | |
| 瘦 | | | | | | | | | | | | | | |
| 衣 | | | | | | | | | | | | | | |
| 颜 | | | | | | | | | | | | | | |
| 色 | | | | | | | | | | | | | | |
| 蓝 | | | | | | | | | | | | | | |

| |
|---|
| 灰 |
| 交 |
| 式 |
| 棉 |
| 袄 |
| 绸 |
| 米 |
| 辆 |
| 骑 |

、将下列汉字扩成词语并把相同的偏旁写在（　）中：

Make each of the following characters into a word or phrase and put the common component contained in the characters of each group in the bracket:

____袄　　村____　　裙____

裤____（　）

绸____　　绍____　　给____

绩____　　经____　　练____

绝____(　　)

____车　　____辆　　辅____

轻____(　　)

四、写出下列词的反义词，并把它们组成新词：

Give each antonym of the following words so as to make a new word or phrase:

例：长(　　)____

→长(短)长短

肥(　　)____　　大(　　)____

快(　　)____　　多(　　)____

早(　　)____　　厚(　　)____

五、给下列各组汉字注音并把形声字的声旁写在(　　)中：

Write each of the following characters in phonetic transcription and put the phonetic contained in the pictophonetic character in the bracket:

式____试____(　　)　　两____辆____(　　)

奇____骑____(　　)　　宜____谊____(　　)

人____认____（　）　元____园____（　）

中____种____（　）　力____历____（　）

六、将下列词扩成词组：

Make each of the following words into a phrase:

例：红——绸子——（红绸子）

蓝——裤子——（　　　　）

白——衬衫——（　　　　）

红——裙子——（　　　　）

绿——衣服——（　　　　）

花——棉袄——（　　　　）

灰——中山装——（　　　　）

# 第三十八课

一、描写下列汉字：

Trace the following characters:

| | | | | | | |
|---|---|---|---|---|---|---|
| 汽 | 汽 | 汽 | 汽 | 汽 | 汽 | qì |
| 往 | 往 | 往 | 往 | 往 | 往 | wǎng |
| 刚 | 刚 | 刚 | 刚 | 刚 | 刚 | gāng |
| 换 | 换 | 换 | 换 | 换 | 换 | huàn |
| 爷 | 爷 | 爷 | 爷 | 爷 | 爷 | yé |
| 终 | 终 | 终 | 终 | 终 | 终 | zhōng |
| 南 | 南 | 南 | 南 | 南 | 南 | nán |
| 修 | 修 | 修 | 修 | 修 | 修 | xiū |
| 马 | 马 | 马 | 马 | 马 | 马 | mǎ |

| | | | | | | |
|---|---|---|---|---|---|---|
| 拐 | 拐 | 拐 | 拐 | 拐 | 拐 | guǎi |
| 弯 | 弯 | 弯 | 弯 | 弯 | 弯 | wān |
| 跑 | 跑 | 跑 | 跑 | 跑 | 跑 | pǎo |
| 带 | 带 | 带 | 带 | 带 | 带 | dài |
| 咱 | 咱 | 咱 | 咱 | 咱 | 咱 | zán |
| 向 | 向 | 向 | 向 | 向 | 向 | xiàng |
| 讲 | 讲 | 讲 | 讲 | 讲 | 讲 | jiǎng |
| 故 | 故 | 故 | 故 | 故 | 故 | gù |

二、临写下列汉字：

Copy the following characters:

| | | | | | | | | | | | | | | | | |
|---|---|---|---|---|---|---|---|---|---|---|---|---|---|---|---|---|
| 汽 | | | | | | | | | | | | | | | | |
| 往 | | | | | | | | | | | | | | | | |
| 刚 | | | | | | | | | | | | | | | | |

| | | | | | | | | | | | | | | | |
|---|---|---|---|---|---|---|---|---|---|---|---|---|---|---|---|
| 换 | | | | | | | | | | | | | | | |
| 爷 | | | | | | | | | | | | | | | |
| 终 | | | | | | | | | | | | | | | |
| 南 | | | | | | | | | | | | | | | |
| 修 | | | | | | | | | | | | | | | |
| 马 | | | | | | | | | | | | | | | |
| 拐 | | | | | | | | | | | | | | | |
| 弯 | | | | | | | | | | | | | | | |
| 跑 | | | | | | | | | | | | | | | |
| 带 | | | | | | | | | | | | | | | |
| 咱 | | | | | | | | | | | | | | | |
| 向 | | | | | | | | | | | | | | | |

| | | | | | | |
|---|---|---|---|---|---|---|
| 讲 | | | | | | |
| 故 | | | | | | |

三、给下列各组汉字注音并把相同的偏旁写在（　）中：

Write each of the following characters in phonetic transcription and put the common components contained in the characters of each group in the bracket:

跑____ 跳____ 踢____ 路____（　　）

往____ 得____ 行____ 待____（　　）

刚____ 刮____ 利____ 别____

到____ 剧____ 刻____ 判____（　　）

换____ 拐____ 排____ 挂____

提____ 找____ 招____ 接____

打____ 报____ 挣____ 指____（　　）

四、给下列形近字注音并扩成词语：

Write each of the following similar characters in phonetic transcription and make each of them into a word or phrase:

⎧带______( )
⎩常______( )

⎧往______( )
⎩住______( )

⎧向______( )
⎩问______( )

⎧讲______( )
⎩进______( )

五、给下列各组汉字注音，把形声字的声旁写在（ ）中：

Write each of the following characters in phonetic transcription and put the common phonetic contained in the pictophonetic characters of each group in the bracket:

气____ 汽____ ( )

冬____ 终____ ( )

马____ 妈____ ( )

包____ 跑____ ( )

古____ 故____ ( )

方____ 访____ ( )

六、将下列词中的拼音写成汉字：

Turn each of the following phonetic transcriptions into a character:

| | | | | | |
|---|---|---|---|---|---|
| dōng ______ | | | shàng ______ | | |
| xī ______ | | | xià ______ | | |
| nán ______ | | | lǐ ______ | | |
| běi ______ | 边 | | wài ______ | 面 | |
| zuǒ ______ | | | qiān ______ | | |
| yòu ______ | | | hòu ______ | | |

# 第三十九课

一、描写下列汉字：

Trace the following characters:

| | | | | | | |
|---|---|---|---|---|---|---|
| 关 | 关 | 关 | 关 | 关 | 关 | guān |
| 选 | 选 | 选 | 选 | 选 | 选 | xuǎn |
| 举 | 举 | 举 | 举 | 举 | 举 | jǔ |
| 任 | 任 | 任 | 任 | 任 | 任 | rèn |
| 骥 | 骥 | 骥 | 骥 | 骥 | 骥 | jì |
| 伏 | 伏 | 伏 | 伏 | 伏 | 伏 | fú |
| 枥 | 枥 | 枥 | 枥 | 枥 | 枥 | lì |
| 千 | 千 | 千 | 千 | 千 | 千 | qiān |
| 句 | 句 | 句 | 句 | 句 | 句 | jù |

| | | | | | | |
|---|---|---|---|---|---|---|
| 虽 | 虽 | 虽 | 虽 | 虽 | 虽 | suī |
| 然 | 然 | 然 | 然 | 然 | 然 | rán |
| 但 | 但 | 但 | 但 | 但 | 但 | dàn |
| 退 | 退 | 退 | 退 | 退 | 退 | tuì |
| 街 | 街 | 街 | 街 | 街 | 街 | jiē |
| 阿 | 阿 | 阿 | 阿 | 阿 | 阿 | ā |
| 姨 | 姨 | 姨 | 姨 | 姨 | 姨 | yí |
| 邻 | 邻 | 邻 | 邻 | 邻 | 邻 | lín |
| 居 | 居 | 居 | 居 | 居 | 居 | jū |
| 远 | 远 | 远 | 远 | 远 | 远 | yuǎn |
| 叔 | 叔 | 叔 | 叔 | 叔 | 叔 | shū |
| 聪 | 聪 | 聪 | 聪 | 聪 | 聪 | cōng |
| 完 | 完 | 完 | 完 | 完 | 完 | wán |

| | | | | | | |
|---|---|---|---|---|---|---|
| 愉 | 愉 | 愉 | 愉 | 愉 | 愉 | yú |
| 永 | 永 | 永 | 永 | 永 | 永 | yǒng |
| 记 | 记 | 记 | 记 | 记 | 记 | jì |

二、临写下列汉字：

Copy the following characters:

| | | | | | | | |
|---|---|---|---|---|---|---|---|
| 关 | | | | | | | |
| 选 | | | | | | | |
| 举 | | | | | | | |
| 任 | | | | | | | |
| 骥 | | | | | | | |
| 伏 | | | | | | | |
| 枥 | | | | | | | |
| 千 | | | | | | | |

| | | | | | | | | | | | | | | |
|---|---|---|---|---|---|---|---|---|---|---|---|---|---|---|
| 句 | | | | | | | | | | | | | | |
| 虽 | | | | | | | | | | | | | | |
| 然 | | | | | | | | | | | | | | |
| 但 | | | | | | | | | | | | | | |
| 退 | | | | | | | | | | | | | | |
| 街 | | | | | | | | | | | | | | |
| 阿 | | | | | | | | | | | | | | |
| 姨 | | | | | | | | | | | | | | |
| 邻 | | | | | | | | | | | | | | |
| 居 | | | | | | | | | | | | | | |
| 远 | | | | | | | | | | | | | | |
| 叔 | | | | | | | | | | | | | | |

| | | | | | | | |
|---|---|---|---|---|---|---|---|
| 聪 | | | | | | | |
| 完 | | | | | | | |
| 愉 | | | | | | | |
| 永 | | | | | | | |
| 记 | | | | | | | |

三、给下列各组汉字注音，把形声字的声旁写在（　　）：

Write each of the following characters in phonetic transcription and put the common phonetic contained in the pictophonetic characters of each group in the bracket:

先___ 选___（　　）　　历___ 枥___（　　）

退___ 腿___（　　）　　阿___ 啊___（　　）

元___ 远___（　　）　　永___ 泳___（　　）

己___ 记___（　　）　　中___ 钟___（　　）

四、写出本课课文中带有下列偏旁的汉字：

Write out the characters in the text, each containing one of the following components:

亻：____ ____ ____ ____ ____

____ ____ ____ ____ ____

____ ____ ____

忄：____ ____ ____ ____ ____

讠：____ ____ ____ ____ ____

____

女：____ ____ ____ ____ ____

____ ____

灬：____ ____ ____

五、试在下图空格中各填一汉字组成不同的词：

Try to fill in each of the squares with a character so as to form different words:

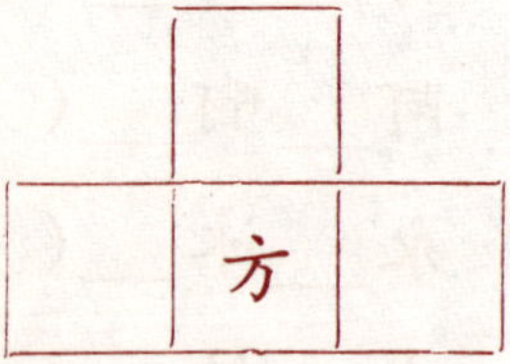


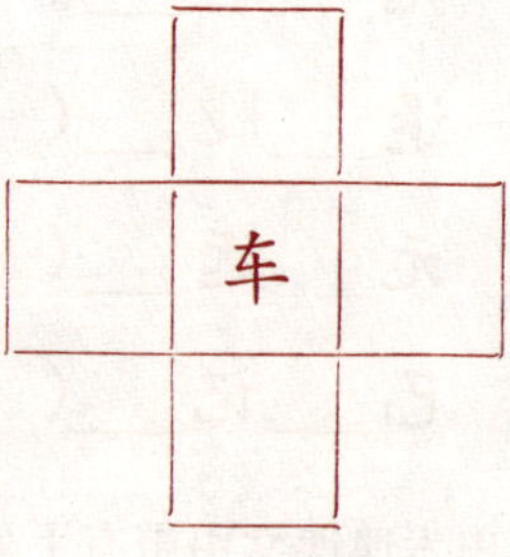

# 第四十课

一、描写下列汉字：

Trace the following characters:

| | | | | | | |
|---|---|---|---|---|---|---|
| 运 | 运 | 运 | 运 | 运 | 运 | yùn |
| 动 | 动 | 动 | 动 | 动 | 动 | dòng |
| 操 | 操 | 操 | 操 | 操 | 操 | cāo |
| 广 | 广 | 广 | 广 | 广 | 广 | guǎng |
| 播 | 播 | 播 | 播 | 播 | 播 | bō |
| 席 | 席 | 席 | 席 | 席 | 席 | xí |
| 彩 | 彩 | 彩 | 彩 | 彩 | 彩 | cǎi |
| 旗 | 旗 | 旗 | 旗 | 旗 | 旗 | qí |
| 众 | 众 | 众 | 众 | 众 | 众 | zhòng |

| | | | | | | |
|---|---|---|---|---|---|---|
| 激 | 激 | 激 | 激 | 激 | 激 | jī |
| 拳 | 拳 | 拳 | 拳 | 拳 | 拳 | quán |
| 烈 | 烈 | 烈 | 烈 | 烈 | 烈 | liè |
| 鼓 | 鼓 | 鼓 | 鼓 | 鼓 | 鼓 | gǔ |
| 掌 | 掌 | 掌 | 掌 | 掌 | 掌 | zhǎng |
| 保 | 保 | 保 | 保 | 保 | 保 | bǎo |
| 持 | 持 | 持 | 持 | 持 | 持 | chí |
| 录 | 录 | 录 | 录 | 录 | 录 | lù |
| 秒 | 秒 | 秒 | 秒 | 秒 | 秒 | miǎo |
| 极 | 极 | 极 | 极 | 极 | 极 | jí |
| 破 | 破 | 破 | 破 | 破 | 破 | pò |

二、临写下列汉字：

Copy the following characters:

| | | | | | | | | | | | | | |
|---|---|---|---|---|---|---|---|---|---|---|---|---|---|
| 运 | | | | | | | | | | | | | |
| 动 | | | | | | | | | | | | | |
| 操 | | | | | | | | | | | | | |
| 广 | | | | | | | | | | | | | |
| 播 | | | | | | | | | | | | | |
| 席 | | | | | | | | | | | | | |
| 彩 | | | | | | | | | | | | | |
| 旗 | | | | | | | | | | | | | |
| 众 | | | | | | | | | | | | | |
| 激 | | | | | | | | | | | | | |
| 拳 | | | | | | | | | | | | | |

| | | | | | | | |
|---|---|---|---|---|---|---|---|
| 烈 | | | | | | | |
| 鼓 | | | | | | | |
| 掌 | | | | | | | |
| 保 | | | | | | | |
| 持 | | | | | | | |
| 录 | | | | | | | |
| 秒 | | | | | | | |
| 极 | | | | | | | |
| 破 | | | | | | | |

三、给下列汉字注音，把相同的偏旁写在（　）中：

Write each of the following characters in phonetic transcription and put common component contained in the characters of each group in the bracket:

拿______ 掌______ 拳______（　　）

操______ 持______ 播______（　　）

激______滑______游______（　　）

欢______观______对______（　　）

四、将下列汉语拼音写成汉字并组成词语：

Turn each of the following phonetic transcriptions into a character so as to make a word or phrase:

xí { 学______ / 主______

nán { ______边 / ______子

yuán { 公______ / 运动______

gǔ { ______掌 / ______时候

zhù { ______贺 / ______意

zhōng { 几点______ / ______点站

五、改正下列句子中的错别字，把正确的写在（　）中：

Pick out the wrong characters from each of the following sentences and put the correct ones in the brackets:

观众为他们热烈地鼓常。（　　）

眼睛看不见了。（　　）

运动元都来了。（　　）

你作公共汽车去吗？（　　）

# 第四十一课

一、描写下列汉字：

Trace the following characters:

| | | | | | | |
|---|---|---|---|---|---|---|
| 亭 | 亭 | 亭 | 亭 | 亭 | 亭 | tíng |
| 才 | 才 | 才 | 才 | 才 | 才 | cái |
| 挤 | 挤 | 挤 | 挤 | 挤 | 挤 | jǐ |
| 司 | 司 | 司 | 司 | 司 | 司 | sī |
| 周 | 周 | 周 | 周 | 周 | 周 | zhōu |
| 皇 | 皇 | 皇 | 皇 | 皇 | 皇 | huáng |
| 帝 | 帝 | 帝 | 帝 | 帝 | 帝 | dì |
| 筑 | 筑 | 筑 | 筑 | 筑 | 筑 | zhù |
| 清 | 清 | 清 | 清 | 清 | 清 | qīng |

| | | | | | | |
|---|---|---|---|---|---|---|
| 楚 | 楚 | 楚 | 楚 | 楚 | 楚 | chǔ |
| 美 | 美 | 美 | 美 | 美 | 美 | měi |
| 脚 | 脚 | 脚 | 脚 | 脚 | 脚 | jiǎo |
| 吊 | 吊 | 吊 | 吊 | 吊 | 吊 | diào |
| 死 | 死 | 死 | 死 | 死 | 死 | sǐ |

二、临写下列汉字：

Copy the following characters:

| | | | | | | | | | | | | | | |
|---|---|---|---|---|---|---|---|---|---|---|---|---|---|---|
| 亭 | | | | | | | | | | | | | | |
| 才 | | | | | | | | | | | | | | |
| 挤 | | | | | | | | | | | | | | |
| 司 | | | | | | | | | | | | | | |
| 周 | | | | | | | | | | | | | | |
| 皇 | | | | | | | | | | | | | | |

| | | | | | | | |
|---|---|---|---|---|---|---|---|
| 帝 | | | | | | | |
| 筑 | | | | | | | |
| 清 | | | | | | | |
| 楚 | | | | | | | |
| 美 | | | | | | | |
| 脚 | | | | | | | |
| 吊 | | | | | | | |
| 死 | | | | | | | |

三、将下列拼音写成汉字并扩成词语：

Turn each of the following phonetic transcriptions into a character so as to make a word or phrase:

| | | |
|---|---|---|
| 司 jī_____ | 美 jí_____ 了 | 真 jǐ_____ |
| jì_____ 信 | 星 qī_____ 天 | qí_____ 怪 |
| 对不 qǐ_____ | qì_____ 车 | xī_____ 边 |
| 主 xí_____ 台 | xǐ_____ 衣服 | 中文 xì_____ |

四、写出一个用下列汉字作声旁的形声字：

Fill in each of the following brackets with a pictophonetic character containing the given character as its phonetic:

亭______(　　)　　哥______(　　)

元______(　　)　　相______(　　)

几______(　　)　　门______(　　)

那______(　　)　　快______(　　)

五、写出本课课文中带有下列偏旁的汉字：

Write out from the text the characters containing the following components:

辶：______ ______ ______ ______

______ ______

木：______ ______ ______

巾：______ ______ ______ ______

六、试用下列词与"门"字组词并写在下面：

Use each of the following characters with "门" to form a phrase and write it down

例：门　东　→　东门

门：南　西　北　前　后

厨房　卧室　宿舍

# 第四十二课

一、描写下列汉字：

Trace the following characters:

| | | | | | | |
|---|---|---|---|---|---|---|
| 石 | 石 | 石 | 石 | 石 | 石 | shí |
| 狮 | 狮 | 狮 | 狮 | 狮 | 狮 | shī |
| 棍 | 棍 | 棍 | 棍 | 棍 | 棍 | gùn |
| 型 | 型 | 型 | 型 | 型 | 型 | xíng |
| 万 | 万 | 万 | 万 | 万 | 万 | wàn |
| 艺 | 艺 | 艺 | 艺 | 艺 | 艺 | yì |
| 术 | 术 | 术 | 术 | 术 | 术 | shù |
| 礼 | 礼 | 礼 | 礼 | 礼 | 礼 | lǐ |
| 宽 | 宽 | 宽 | 宽 | 宽 | 宽 | kuān |

| | | | | | | |
|---|---|---|---|---|---|---|
| 数 | 数 | 数 | 数 | 数 | 数 | shù |
| 干 | 干 | 干 | 干 | 干 | 干 | gàn |
| 重 | 重 | 重 | 重 | 重 | 重 | zhòng |
| 活 | 活 | 活 | 活 | 活 | 活 | huó |
| 顾 | 顾 | 顾 | 顾 | 顾 | 顾 | gù |
| 奖 | 奖 | 奖 | 奖 | 奖 | 奖 | jiǎng |
| 状 | 状 | 状 | 状 | 状 | 状 | zhuàng |
| 镜 | 镜 | 镜 | 镜 | 镜 | 镜 | jìng |
| 盖 | 盖 | 盖 | 盖 | 盖 | 盖 | gài |

二、临写下列汉字：

Copy the following characters:

| | | | | | | | | | | | | | | |
|---|---|---|---|---|---|---|---|---|---|---|---|---|---|---|
| 石 | | | | | | | | | | | | | | |
| 狮 | | | | | | | | | | | | | | |
| 棍 | | | | | | | | | | | | | | |

| | | | | | | | | | | | | | | | |
|---|---|---|---|---|---|---|---|---|---|---|---|---|---|---|---|
| 型 | | | | | | | | | | | | | | | |
| 万 | | | | | | | | | | | | | | | |
| 艺 | | | | | | | | | | | | | | | |
| 术 | | | | | | | | | | | | | | | |
| 礼 | | | | | | | | | | | | | | | |
| 宽 | | | | | | | | | | | | | | | |
| 数 | | | | | | | | | | | | | | | |
| 干 | | | | | | | | | | | | | | | |
| 重 | | | | | | | | | | | | | | | |
| 活 | | | | | | | | | | | | | | | |
| 顾 | | | | | | | | | | | | | | | |
| 奖 | | | | | | | | | | | | | | | |

| | | | | | | | |
|---|---|---|---|---|---|---|---|
| 状 | | | | | | | |
| 镜 | | | | | | | |
| 盖 | | | | | | | |

三、给下列各组形近字注音，并扩成词语写在（　　）中：

Write each of the following similar characters in each group in phonetic transcription, make each of the characters into a word or phrase and put it in the bracket:

{ 干_____（　　）
{ 千_____（　　）

{ 方_____（　　）
{ 万_____（　　）

{ 休_____（　　）
{ 体_____（　　）

{ 活_____（　　）
{ 话_____（　　）

四、给下列各组汉字注音，把相同的偏旁写在（　　）中：

Write each of the following characters in phonetic transcription and put the common component contained in the characters of each group in the bracket:

眼____ 睛____ 看____ 相____（　　）

石____ 碑____ 矿____ 研____（　　）

型____ 堂____ 场____ 城____（　　）

安____ 宽____ 完____ 家____（　　）

五、写出一个用下列汉字作声旁的形声字：

Fill in each of the following brackets with a pictophonetic character containing the given character asits phonetic:

竟____（　　）　师____（　　）

古____（　　）　中____（　　）

九____（　　）　相____（　　）

六、试用下列汉字与"边"字组词并写在下边：

Use each of the following characters with the given word "边" to form a word and write it down:

例：边　旁

　　→旁边

边：东　南　西　北　前　后

　　左　右　里　外　下　上

# 第四十三课

一、描写下列汉字：

Trace the following characters:

| | | | | | | |
|---|---|---|---|---|---|---|
| 饿 | 饿 | 饿 | 饿 | 饿 | 饿 | è |
| 累 | 累 | 累 | 累 | 累 | 累 | lèi |
| 傅 | 傅 | 傅 | 傅 | 傅 | 傅 | fù |
| 味 | 味 | 味 | 味 | 味 | 味 | wèi |
| 之 | 之 | 之 | 之 | 之 | 之 | zhī |
| 亲 | 亲 | 亲 | 亲 | 亲 | 亲 | qīn |
| 各 | 各 | 各 | 各 | 各 | 各 | gè |
| 宵 | 宵 | 宵 | 宵 | 宵 | 宵 | xiāo |
| 豌 | 豌 | 豌 | 豌 | 豌 | 豌 | wān |

| | | | | | | |
|---|---|---|---|---|---|---|
| 豆 | 豆 | 豆 | 豆 | 豆 | 豆 | dòu |
| 粥 | 粥 | 粥 | 粥 | 粥 | 粥 | zhōu |
| 炸 | 炸 | 炸 | 炸 | 炸 | 炸 | zhá |
| 糕 | 糕 | 糕 | 糕 | 糕 | 糕 | gāo |
| 油 | 油 | 油 | 油 | 油 | 油 | yóu |
| 饼 | 饼 | 饼 | 饼 | 饼 | 饼 | bǐng |
| 较 | 较 | 较 | 较 | 较 | 较 | jiào |
| 够 | 够 | 够 | 够 | 够 | 够 | gòu |
| 杏 | 杏 | 杏 | 杏 | 杏 | 杏 | xìng |
| 仁 | 仁 | 仁 | 仁 | 仁 | 仁 | rén |
| 牛 | 牛 | 牛 | 牛 | 牛 | 牛 | niú |
| 糖 | 糖 | 糖 | 糖 | 糖 | 糖 | táng |
| 腐 | 腐 | 腐 | 腐 | 腐 | 腐 | fǔ |

二、临写下列汉字：

Copy the following characters:

| | | | | | | | | | | | | | | | | | | | |
|---|---|---|---|---|---|---|---|---|---|---|---|---|---|---|---|---|---|---|---|
| 饿 | | | | | | | | | | | | | | | | | | | |
| 累 | | | | | | | | | | | | | | | | | | | |
| 傅 | | | | | | | | | | | | | | | | | | | |
| 味 | | | | | | | | | | | | | | | | | | | |
| 之 | | | | | | | | | | | | | | | | | | | |
| 亲 | | | | | | | | | | | | | | | | | | | |
| 各 | | | | | | | | | | | | | | | | | | | |
| 宵 | | | | | | | | | | | | | | | | | | | |
| 豌 | | | | | | | | | | | | | | | | | | | |
| 豆 | | | | | | | | | | | | | | | | | | | |
| 粥 | | | | | | | | | | | | | | | | | | | |
| 炸 | | | | | | | | | | | | | | | | | | | |

| | | | | | | | |
|---|---|---|---|---|---|---|---|
| 糕 | | | | | | | |
| 油 | | | | | | | |
| 饼 | | | | | | | |
| 较 | | | | | | | |
| 够 | | | | | | | |
| 杏 | | | | | | | |
| 仁 | | | | | | | |
| 牛 | | | | | | | |
| 糖 | | | | | | | |
| 腐 | | | | | | | |

三、将下列拼音写成汉字并组成词语：

Put each of the following phonetic transcriptions into a character so as to make a word or phrase:

gāo {______兴 / 炸______}

yóu {______局 / ______饼}

fu {豆______ / 师______}

rén {工______ / 杏______}

zhōu {______到 / 豌豆______}

diàn {小吃______ / ______影}

四、给下列汉字注音，把相同的偏旁写在（　　）中：

Write each of the following characters in phonetic transcription and put the common component contained in the characters of each group in the bracket:

饿____ 饭____ 馆____ 饼____ (　　)

味____ 吃____ 喝____ 咱____ (　　)

街____ 往____ 待____ 得____ (　　)

钱____ 错____ 镜____ 银____ (　　)

五、在下列词语的空格中填上适当的量词：

Fill in the blank of each phrase with a proper measure word:

一______画儿　　两______师傅

五 ______ 汽车　　四 ______ 油饼

三 ______ 元宵　　各 ______ 小吃

六、试用下列汉字与"好"字组词并写在下边:

Use each of the following characters with the word "好" to make a phrase and write it down:

例:好　吃

→好吃

好:看　笑　玩　喝　听　用

# 第四十四课

一、描写下列汉字：

Trace the following characters:

| | | | | | | |
|---|---|---|---|---|---|---|
| 贸 | 贸 | 贸 | 贸 | 贸 | 贸 | mào |
| 决 | 决 | 决 | 决 | 决 | 决 | jué |
| 喊 | 喊 | 喊 | 喊 | 喊 | 喊 | hǎn |
| 旅 | 旅 | 旅 | 旅 | 旅 | 旅 | lǚ |
| 林 | 林 | 林 | 林 | 林 | 林 | lín |
| 它 | 它 | 它 | 它 | 它 | 它 | tā |
| 母 | 母 | 母 | 母 | 母 | 母 | mǔ |
| 座 | 座 | 座 | 座 | 座 | 座 | zuò |
| 湖 | 湖 | 湖 | 湖 | 湖 | 湖 | hú |

| | | | | | | |
|---|---|---|---|---|---|---|
| 桥 | 桥 | 桥 | 桥 | 桥 | 桥 | qiáo |
| 船 | 船 | 船 | 船 | 船 | 船 | chuán |
| 景 | 景 | 景 | 景 | 景 | 景 | jǐng |
| 幅 | 幅 | 幅 | 幅 | 幅 | 幅 | fú |
| 草 | 草 | 草 | 草 | 草 | 草 | cǎo |
| 物 | 物 | 物 | 物 | 物 | 物 | wù |
| 爬 | 爬 | 爬 | 爬 | 爬 | 爬 | pá |
| 青 | 青 | 青 | 青 | 青 | 青 | qīng |
| 塔 | 塔 | 塔 | 塔 | 塔 | 塔 | tǎ |
| 阳 | 阳 | 阳 | 阳 | 阳 | 阳 | yáng |

二、临写下列汉字：

Copy the following characters:

| | | | | | | | | | | | | | | |
|---|---|---|---|---|---|---|---|---|---|---|---|---|---|---|
| 贸 | | | | | | | | | | | | | | |

| | | | | | | | | |
|---|---|---|---|---|---|---|---|---|
| 决 | | | | | | | | |
| 喊 | | | | | | | | |
| 旅 | | | | | | | | |
| 林 | | | | | | | | |
| 它 | | | | | | | | |
| 母 | | | | | | | | |
| 座 | | | | | | | | |
| 湖 | | | | | | | | |
| 桥 | | | | | | | | |
| 船 | | | | | | | | |
| 景 | | | | | | | | |
| 幅 | | | | | | | | |

| | | | | | | | |
|---|---|---|---|---|---|---|---|
| 草 | | | | | | | |
| 物 | | | | | | | |
| 爬 | | | | | | | |
| 青 | | | | | | | |
| 塔 | | | | | | | |
| 阳 | | | | | | | |

三、给下列汉字注音，把相同的形旁写在（ ）中：

Write each of the following characters in phonetic transcription and put the common signific contained in the characters of each group in the bracket:

跳____ 跑____ 踢____ 跟____（ ）

决____ 冰____ 准____ 次____（ ）

广____ 座____ 廊____ 店____（ ）

车____ 辆____ 输____ 轻____（ ）

湖____ 海____ 江____ 河____（ ）

四、把下列声旁的形声字扩成词语写在（　　）中：

Make each of the following pictophonetic characters into a word or phrase and write it in the bracket:

青：请（　　）情（　　）晴（　　）
　　清（　　）睛（　　）
方：房（　　）访（　　）放（　　）
中：（　　）种　钟（　　）
古：姑（　　）故（　　）

五、写出一个用下列汉字作声旁的形声字：

Fill in each of the following brackets with a pictophonetic character containing the given character as its phonetic:

坐____（　　）竞____（　　）
奇____（　　）青____（　　）
两____（　　）答____（　　）

六、试用下列汉字与"子"组词并写在下边：

Use each of the following characters with the word "子" to make a word and write it down:

例：子　镜　　→镜子
子：裤　帽　桌
　　房　车　鞋
　　裙　孩　椅

# 第四十五课

一、描写下列汉字：

Trace the following characters:

| | | | | | | |
|---|---|---|---|---|---|---|
| 熊 | 熊 | 熊 | 熊 | 熊 | 熊 | xióng |
| 猫 | 猫 | 猫 | 猫 | 猫 | 猫 | māo |
| 珍 | 珍 | 珍 | 珍 | 珍 | 珍 | zhēn |
| 竹 | 竹 | 竹 | 竹 | 竹 | 竹 | zhú |
| 头 | 头 | 头 | 头 | 头 | 头 | tóu |
| 戴 | 戴 | 戴 | 戴 | 戴 | 戴 | dài |
| 墨 | 墨 | 墨 | 墨 | 墨 | 墨 | mò |
| 者 | 者 | 者 | 者 | 者 | 者 | zhě |

二、临写下列汉字：

Copy the following characters:

| | | | | | | | | | | | | | | |
|---|---|---|---|---|---|---|---|---|---|---|---|---|---|---|
| 熊 | | | | | | | | | | | | | | |
| 猫 | | | | | | | | | | | | | | |
| 珍 | | | | | | | | | | | | | | |
| 竹 | | | | | | | | | | | | | | |
| 戴 | | | | | | | | | | | | | | |
| 墨 | | | | | | | | | | | | | | |
| 者 | | | | | | | | | | | | | | |

三、给下列词注音：

Write each of the following words in phonetic transcription:

(1) 头____ 眼睛____ 耳朵____

鼻子____ 口____ 手____

脚____ 腿____ 身体____

心脏____ 肺____ 血____

(2) 爷爷____ 奶奶____ 爸爸____

妈妈____ 叔叔____ 阿姨____

大爷____ 大娘____ 哥哥____

姐姐____ 弟弟____ 妹妹____

爱人____ 孩子____ 女儿____

(3) 动物____ 熊猫____ 狮子____

大象____ 牛____ 马____

四、将下列汉字扩成词语，把相同的偏旁写在（　）中：

Make each of the following characters into a word or phrase and put the common component contained in the characters of each group in the bracket:

熊____ 照____ 热____（　）

____肥 ____腿 朋____（　）

珍____ ____理 ____现（　）

____团 ____园 ____图（　）

五、给下列形近字注音并扩成词语：

Write each of the following similar characters in phonetic transcription and make each of them into a word or phrase:

| | | | |
|---|---|---|---|
| 桥____（ ） | | 钟____（ ） | |
| 侨____（ ） | | 种____（ ） | |

| | |
|---|---|
| 决____（ ） | 母____（ ） |
| 块____（ ） | 每____（ ） |

# 第四十六课

一、描写下列汉字：

Trace the following characters:

| | | | | | | |
|---|---|---|---|---|---|---|
| 把 | 把 | 把 | 把 | 把 | 把 | bǎ |
| 药 | 药 | 药 | 药 | 药 | 药 | yào |
| 疼 | 疼 | 疼 | 疼 | 疼 | 疼 | téng |
| 咳 | 咳 | 咳 | 咳 | 咳 | 咳 | ké |
| 嗽 | 嗽 | 嗽 | 嗽 | 嗽 | 嗽 | sòu |
| 舒 | 舒 | 舒 | 舒 | 舒 | 舒 | shū |
| 户 | 户 | 户 | 户 | 户 | 户 | hù |
| 冒 | 冒 | 冒 | 冒 | 冒 | 冒 | mào |
| 烧 | 烧 | 烧 | 烧 | 烧 | 烧 | shāo |

| | | | | | | |
|---|---|---|---|---|---|---|
| 厉 | 厉 | 厉 | 厉 | 厉 | 厉 | lì |
| 害 | 害 | 害 | 害 | 害 | 害 | hài |
| 躺 | 躺 | 躺 | 躺 | 躺 | 躺 | tǎng |
| 针 | 针 | 针 | 针 | 针 | 针 | zhēn |
| 温 | 温 | 温 | 温 | 温 | 温 | wēn |
| 姥 | 姥 | 饺 | 姥 | 姥 | 姥 | lǎo |
| 饺 | 饺 | 饺 | 饺 | 饺 | 饺 | jiǎo |

二、临写下列汉字：

Copy the following characters:

| | | | | | | | |
|---|---|---|---|---|---|---|---|
| 把 | | | | | | | |
| 药 | | | | | | | |
| 疼 | | | | | | | |
| 咳 | | | | | | | |

| | | | | | | | | | | | | | | | |
|---|---|---|---|---|---|---|---|---|---|---|---|---|---|---|---|
| 嗽 | | | | | | | | | | | | | | | |
| 舒 | | | | | | | | | | | | | | | |
| 户 | | | | | | | | | | | | | | | |
| 冒 | | | | | | | | | | | | | | | |
| 烧 | | | | | | | | | | | | | | | |
| 厉 | | | | | | | | | | | | | | | |
| 害 | | | | | | | | | | | | | | | |
| 躺 | | | | | | | | | | | | | | | |
| 针 | | | | | | | | | | | | | | | |
| 温 | | | | | | | | | | | | | | | |
| 姥 | | | | | | | | | | | | | | | |
| 饺 | | | | | | | | | | | | | | | |

三、给下列汉字注音，把相同的偏旁写在（　　）中：

Write each of the following characters in phonetic transcription and put the common component contained in the characters of each group in the bracket:

疼____ 病____ 瘦____（　　）

咳____ 嗽____ 咱____（　　）

给____ 续____ 经____（　　）

烧____ 炼____ 烟____（　　）

把____ 爸____ 爬____（　　）

四、将下列词语中的拼音写成汉字：

Put the phonetic transcription in each of the following words or phrases into a character:

{ yào ____买什么
{ yào ____买 yào____

{ 新 mào____子
{ 重感mào ____

{ 一本shū ____
{ 谁 shū ____了
{ 很 shū ____服

{ zhēn ____贵
{ zhēn ____着急
{ 打 zhēn____

{ zhù____院
{ zhù ____意

{ 立kè ____
{ kè ____气

五、写出一个用下列汉字作声旁的形声字：

Fill in each of the following brackets with a pictophonetic character containing the given character as its phonetic:

| | |
|---|---|
| 冒____（　　） | 老____（　　） |
| 交____（　　） | 中____（　　） |
| 方____（　　） | 主____（　　） |
| 力____（　　） | 包____（　　） |

六、给下列词语注音：

Write each of the following words or phrases in phonetic transcription:

| | |
|---|---|
| 生病________ | 头疼________ |
| 发烧________ | 咳嗽________ |
| 看病________ | 挂号________ |
| 内科________ | 量体温________ |
| 听心脏________ | 量血压________ |
| 照透视________ | 重感冒________ |
| 住医院________ | 吃药________ |
| 打针________ | 出院________ |

# 第四十七课

一、描写下列汉字：

Trace the following characters:

| | | | | | | |
|---|---|---|---|---|---|---|
| 簿 | 簿 | 簿 | 簿 | 簿 | 簿 | bù |
| 计 | 计 | 计 | 计 | 计 | 计 | jì |
| 篇 | 篇 | 篇 | 篇 | 篇 | 篇 | piān |
| 章 | 章 | 章 | 章 | 章 | 章 | zhāng |
| 枣 | 枣 | 枣 | 枣 | 枣 | 枣 | zǎo |
| 株 | 株 | 株 | 株 | 株 | 株 | zhū |
| 虎 | 虎 | 虎 | 虎 | 虎 | 虎 | hǔ |
| 尾 | 尾 | 尾 | 尾 | 尾 | 尾 | wěi |
| 巴 | 巴 | 巴 | 巴 | 巴 | 巴 | bā |

| | | | | | | |
|---|---|---|---|---|---|---|
| 除 | 除 | 除 | 除 | 除 | 除 | chú |
| 简 | 简 | 简 | 简 | 简 | 简 | jiǎn |
| 朴 | 朴 | 朴 | 朴 | 朴 | 朴 | pǔ |
| 怀 | 怀 | 怀 | 怀 | 怀 | 怀 | huái |
| 培 | 培 | 培 | 培 | 培 | 培 | péi |
| 养 | 养 | 养 | 养 | 养 | 养 | yǎng |
| 伟 | 伟 | 伟 | 伟 | 伟 | 伟 | wěi |
| 遗 | 遗 | 遗 | 遗 | 遗 | 遗 | yí |
| 丰 | 丰 | 丰 | 丰 | 丰 | 丰 | fēng |
| 富 | 富 | 富 | 富 | 富 | 富 | fù |

二、临写下列汉字：

Copy the following characters:

| | | | | | | | | | | | | | | | |
|---|---|---|---|---|---|---|---|---|---|---|---|---|---|---|---|
| 簿 | | | | | | | | | | | | | | | |
| 计 | | | | | | | | | | | | | | | |

| | | | | | | | | | | | | | | |
|---|---|---|---|---|---|---|---|---|---|---|---|---|---|---|
| 篇 | | | | | | | | | | | | | | |
| 章 | | | | | | | | | | | | | | |
| 枣 | | | | | | | | | | | | | | |
| 株 | | | | | | | | | | | | | | |
| 虎 | | | | | | | | | | | | | | |
| 尾 | | | | | | | | | | | | | | |
| 巴 | | | | | | | | | | | | | | |
| 除 | | | | | | | | | | | | | | |
| 简 | | | | | | | | | | | | | | |
| 朴 | | | | | | | | | | | | | | |
| 怀 | | | | | | | | | | | | | | |
| 培 | | | | | | | | | | | | | | |

| | | | | | | | |
|---|---|---|---|---|---|---|---|
| 养 | | | | | | | |
| 伟 | | | | | | | |
| 遗 | | | | | | | |
| 丰 | | | | | | | |
| 富 | | | | | | | |

三、给下列形近字注音并扩成词语写在(　　)中：

Write each of the following similar characters in phonetic transcription, make each of them into a word or phrase and write it in the bracket:

{簿＿＿(　　)　　{读＿＿(　　)
{薄＿＿(　　)　　{续＿＿(　　)

{篇＿＿(　　)　　{富＿＿(　　)
{遍＿＿(　　)　　{幅＿＿(　　)

{活＿＿(　　)　　{简＿＿(　　)
{话＿＿(　　)　　{间＿＿(　　)

四、将下列各组同音字扩成词语并写在（　　）中：

Make each of the following homonymous characters in each pair into a word or phrase:

zhāng {章（　　）<br>张（　　）

zǎo {早（　　）<br>枣（　　）

fēng {丰（　　）<br>风（　　）

wěi {伟（　　）<br>尾（　　）

qīng {青（　　）<br>轻（　　）

chú {厨（　　）<br>除（　　）

jì {计（　　）<br>记（　　）

kè {客（　　）<br>刻（　　）

五、写出本课课文中带有下列偏旁的汉字：

Write out in the text the characters, each containing one of the following components:

⺮：______ ______ ______

木：______ ______ ______ ______

______ ______ ______ ______

讠：______ ______ ______ ______

______ ______

忄：______ ______

六、给下列形声字注音，并扩成词语写在（　）中：

Write each of the following similar characters in phonetic transcription, make each of them into a word or phrase and write it in the bracket:

清______（　　）　情______（　　）

睛______（　　）　请______（　　）

晴______（　　）

把______（　　）　爸______（　　）

吧______（　　）　爬______（　　）

房______（　　）　访______（　　）

放______（　　）

# 第四十八课

一、描写下列汉字：

Trace the following characters:

| | | | | | | |
|---|---|---|---|---|---|---|
| 灯 | 灯 | 灯 | 灯 | 灯 | 灯 | dēng |
| 笼 | 笼 | 笼 | 笼 | 笼 | 笼 | lóng |
| 因 | 因 | 因 | 因 | 因 | 因 | yīn |
| 聚 | 聚 | 聚 | 聚 | 聚 | 聚 | jù |
| 节 | 节 | 节 | 节 | 节 | 节 | jié |
| 初 | 初 | 初 | 初 | 初 | 初 | chū |
| 全 | 全 | 全 | 全 | 全 | 全 | quán |
| 拜 | 拜 | 拜 | 拜 | 拜 | 拜 | bài |
| 屋 | 屋 | 屋 | 屋 | 屋 | 屋 | wū |

| | | | | | | |
|---|---|---|---|---|---|---|
| 扫 | 扫 | 扫 | 扫 | 扫 | 扫 | sǎo |
| 净 | 净 | 净 | 净 | 净 | 净 | jìng |
| 拾 | 拾 | 拾 | 拾 | 拾 | 拾 | shí |
| 齐 | 齐 | 齐 | 齐 | 齐 | 齐 | qí |
| 黑 | 黑 | 黑 | 黑 | 黑 | 黑 | hēi |
| 春 | 春 | 春 | 春 | 春 | 春 | chūn |
| 联 | 联 | 联 | 联 | 联 | 联 | lián |
| 贴 | 贴 | 贴 | 贴 | 贴 | 贴 | tiē |
| 恭 | 恭 | 恭 | 恭 | 恭 | 恭 | gōng |
| 爆 | 爆 | 爆 | 爆 | 爆 | 爆 | bào |
| 摆 | 摆 | 摆 | 摆 | 摆 | 摆 | bǎi |
| 麻 | 麻 | 麻 | 麻 | 麻 | 麻 | má |
| 烦 | 烦 | 烦 | 烦 | 烦 | 烦 | fán |

| | | | | | | |
|---|---|---|---|---|---|---|
| 禧 | 禧 | 禧 | 禧 | 禧 | 禧 | xǐ |
| 兔 | 兔 | 兔 | 兔 | 兔 | 兔 | tù |

二、临写下列汉字：

Copy the following characters:

| | | | | | | | |
|---|---|---|---|---|---|---|---|
| 灯 | | | | | | | |
| 笼 | | | | | | | |
| 因 | | | | | | | |
| 聚 | | | | | | | |
| 节 | | | | | | | |
| 初 | | | | | | | |
| 全 | | | | | | | |
| 拜 | | | | | | | |
| 屋 | | | | | | | |

| | |
|---|---|
| 扫 | |
| 净 | |
| 拾 | |
| 齐 | |
| 黑 | |
| 春 | |
| 联 | |
| 贴 | |
| 恭 | |
| 爆 | |
| 摆 | |
| 麻 | |

| | |
|---|---|
| 烦 | |
| 禧 | |
| 兔 | |

三、给下列各组词语注音：

Write each of the following words or phrases in phonetic transcription:

{干什么________
{很干净________

{各种瓷器________
{种一株枣树________

{教中国历史________
{足球教练________

{很着急________
{站着说________

四、从括号里选择适当的字填空：

Fill in each of the blanks with a proper word chosen from the bracket:

______着新帽子。

黄______夫

______着孩子去公园。

实现四个现______化

（大　带　代　戴）

五、写出下列汉字的反义字：

Write out the antonym of each of the following characters:

早____（　　）　　快____（　　）

黑____（　　）　　新____（　　）

出____（　　）　　笑____（　　）

冷____（　　）　　问____（　　）

迎____（　　）　　来____（　　）

六、写出本课课文中带有下列偏旁的汉字：

Write out the characters in the text, each containing one of the following components:

扌：____ ____ ____ ____ ____

（左）阝：____ ____ ____

（右）阝：____ ____

口：____ ____ ____ ____

# 第四十九课

一、临写下列汉字：

Trace the following characters:

| | | | | | | |
|---|---|---|---|---|---|---|
| 被 | 被 | 被 | 被 | 被 | 被 | bèi |
| 让 | 让 | 让 | 让 | 让 | 让 | ràng |
| 借 | 借 | 借 | 借 | 借 | 借 | jiè |
| 品 | 品 | 品 | 品 | 品 | 品 | pǐn |
| 演 | 演 | 演 | 演 | 演 | 演 | yǎn |
| 功 | 功 | 功 | 功 | 功 | 功 | gōng |
| 确 | 确 | 确 | 确 | 确 | 确 | què |
| 而 | 而 | 而 | 而 | 而 | 而 | ér |
| 且 | 且 | 且 | 且 | 且 | 且 | qiě |

| | | | | | | |
|---|---|---|---|---|---|---|
| 抓 | 抓 | 抓 | 抓 | 抓 | 抓 | zhuā |
| 杀 | 杀 | 杀 | 杀 | 杀 | 杀 | shā |
| 劳 | 劳 | 劳 | 劳 | 劳 | 劳 | láo |
| 逼 | 逼 | 逼 | 逼 | 逼 | 逼 | bī |
| 卖 | 卖 | 卖 | 卖 | 卖 | 卖 | mài |
| 连 | 连 | 连 | 连 | 连 | 连 | lián |
| 坏 | 坏 | 坏 | 坏 | 坏 | 坏 | huài |
| 暗 | 暗 | 暗 | 暗 | 暗 | 暗 | àn |
| 引 | 引 | 引 | 引 | 引 | 引 | yǐn |

二、描写下列汉字：

Copy the following characters:

| | | | | | | | | | | | | | | | | |
|---|---|---|---|---|---|---|---|---|---|---|---|---|---|---|---|---|
| 被 | | | | | | | | | | | | | | | | |
| 让 | | | | | | | | | | | | | | | | |

| | | | | | | | | | | | | | |
|---|---|---|---|---|---|---|---|---|---|---|---|---|---|
| 借 | | | | | | | | | | | | | |
| 品 | | | | | | | | | | | | | |
| 演 | | | | | | | | | | | | | |
| 功 | | | | | | | | | | | | | |
| 确 | | | | | | | | | | | | | |
| 而 | | | | | | | | | | | | | |
| 且 | | | | | | | | | | | | | |
| 抓 | | | | | | | | | | | | | |
| 杀 | | | | | | | | | | | | | |
| 劳 | | | | | | | | | | | | | |
| 逼 | | | | | | | | | | | | | |
| 卖 | | | | | | | | | | | | | |

| | | | | | | | |
|---|---|---|---|---|---|---|---|
| 连 | | | | | | | |
| 坏 | | | | | | | |
| 暗 | | | | | | | |
| 引 | | | | | | | |

三、给下列形近字注音并扩成词语写在（　　）中：

Write each of the following similar characters in phonetic transcription, make each of them into a word or phrase and write it in the bracket:

卖______（　　）　坏______（　　）
买______（　　）　怀______（　　）

掌______（　　）　作______（　　）
拿______（　　）　昨______（　　）

历______（　　）　极______（　　）
厉______（　　）　吸______（　　）

四、写出一个用下列汉字作声旁的形声字：

Fill in each of the following brackets with a pictophonetic character containing the given character as its phonetic:

居______（　　）　工______（　　）

奇______（　　）　亭______（　　）

齐______（　　）　青______（　　）

五、写出下列词的反义词：

Write out the antonym of each of the following words:

借______（　　）　活______（　　）

买______（　　）　坏______（　　）

输______（　　）　远______（　　）

# 第 五 十 课

一、描写下列汉字：

Trace the following characters:

| | | | | | | |
|---|---|---|---|---|---|---|
| 临 | 临 | 临 | 临 | 临 | 临 | lín |
| 摹 | 摹 | 摹 | 摹 | 摹 | 摹 | mó |
| 页 | 页 | 页 | 页 | 页 | 页 | yè |
| 逝 | 逝 | 逝 | 逝 | 逝 | 逝 | shì |
| 世 | 世 | 世 | 世 | 世 | 世 | shì |
| 枝 | 枝 | 枝 | 枝 | 枝 | 枝 | zhī |
| 挺 | 挺 | 挺 | 挺 | 挺 | 挺 | tǐng |
| 莲 | 莲 | 莲 | 莲 | 莲 | 莲 | lián |
| 界 | 界 | 界 | 界 | 界 | 界 | jiè |

| | | | | | | |
|---|---|---|---|---|---|---|
| 海 | 海 | 海 | 海 | 海 | 海 | hǎi |
| 微 | 微 | 微 | 微 | 微 | 微 | wēi |

二、临写下列汉字：

Copy the following characters:

| | | | | | | | | | | | |
|---|---|---|---|---|---|---|---|---|---|---|---|
| 临 | | | | | | | | | | | |
| 摹 | | | | | | | | | | | |
| 页 | | | | | | | | | | | |
| 逝 | | | | | | | | | | | |
| 世 | | | | | | | | | | | |
| 枝 | | | | | | | | | | | |
| 挺 | | | | | | | | | | | |
| 莲 | | | | | | | | | | | |
| 界 | | | | | | | | | | | |

| | | | | | | | |
|---|---|---|---|---|---|---|---|
| 海 | | | | | | | |
| 微 | | | | | | | |

三、将下列各组同声字组成词语写在（　　）中：

Give a character to each of the following homonymous characters in each group so as to make a word or phrase and write it in the bracket:

shi

师（　　）　诗（　　）　食（　　）

实（　　）　始（　　）　使（　　）

史（　　）　市（　　）　式（　　）

试（　　）　逝（　　）　适（　　）

室（　　）　事（　　）　世（　　）

视（　　）　是（　　）　拾（　　）

ye

页（　　）　叶（　　）　业（　　）

也（　　）　爷（　　）

zhi

枝（　　）　之（　　）　知（　　）

只（　　）　指（　　）　志（　　）

四、将下列形声字的声旁写在（　）中：

Put each of the phonetics contained in the following pictophonetic characters in the bracket:

界（　）　莲（　）　理（　）　姑（　）

认（　）　注（　）　挤（　）　骑（　）

晴（　）　梅（　）　园（　）　放（　）

五、给下列汉字注音，把相同的形旁写在（　　）中：

Write each of the following characters in phonetic transcription, put the common signific contained in the characters of each group in the bracket:

摹____ 掌____ 拿____ 拳____（　　）

莲____ 草____ 药____ 艺____（　　）

篇____ 簿____ 筑____ 笼____（　　）

被____ 裙____ 衫____ 初____（　　）

刻____ 刚____ 到____ 利____（　　）

挺____ 摆____ 挂____ 提____（　　）